KB087014

화병 종합 평가

검사지

최승원 · 김종우

박영story

화병 종합 평가

Ⅰ. 화병 증상 척도

아래의 문항은 때때로 경험할 수 있는 신체, 정서 증상들입니다. 아래의 문항을 주의 깊게 읽은 후 **최근(오늘을 포함하여 지난 일주일 동안)** 자신의 상태를 가장 잘 나타낸 번호에 V표 하세요.

문항	전혀 아니다	대체로 아니다	보통 이다	대체로 그렇다	매우 그렇다
1. 억울하고 분한 감정을 느낀다.	0	1	2	3	4
2. 마음속에 화가 풀리지 않고 쌓여 있다.	0	1	2	3	4
3. 화가 쌓여 있어 사소한 일에도 분노를 느낄 때가 있다.	0	1	2	3	4
4. 가슴이 답답하다.	0	1	2	3	4
5. 가슴속에 열이 차 있는 것을 느낀다.	0	1	2	3	4
6. 얼굴에 열이 달아오른다.	0	1	2	3	4
7. 분에 차서 안절부절 못할 때가 있다.	0	1	2	3	4
8. 무언가 아래(배)에서 위(가슴)로 치민다.	0	1	2	3	4
9. 분노를 참을 수 없다고 느낄 때가 있다.	0	1	2	3	4
10. 분노를 주체하기 어려울 때가 있다.	0	1	2	3	4
11. 목이나 명치(가슴)에 뭉쳐진 덩어리가 느껴진다.	0	1	2	3	4
12. 가만히 있어도 가슴이 심하게 두근거린다.	0	1	2	3	4
13. 물건을 부수고 싶을 만큼 화가 날 때가 있다.	0	1	2	3	4

Ⅱ. 사건 질문지

1. 다음 중 **자신을 화나게 만든, 혹은 스트레스가 되는 사건의 유형**에 V표 하세요. (중복 가능)

   ① 부부 간 갈등   ② 고부 간 갈등   ③ 금전적 문제

   ④ 부모와의 갈등   ⑤ 자식과의 갈등   ⑥ 직장 내 스트레스

   ⑦ 사회적 불공평성   ⑧ 정치적 문제   ⑨ 기타

   ⑩ 없음

2. 위에 표시한 **화가 나는, 혹은 스트레스가 되는 사건**에 대해서 간단히 기술해주세요.

3. 위에서 표시한 사건 중 화병과 가장 관련 있다고 생각되는 사건을 하나 골라주세요. 아래의 문항을 주의 깊게 읽은 후 **해당 사건에 대한 현재 자신의 느낌**과 가장 가까운 번호에 V표 하세요.

문항	매우 아니다	대체로 아니다	보통 이다	대체로 그렇다	매우 그렇다
그것으로 인해 현재 얼마나 심적으로 고통스러우십니까?	1	2	3	4	5
그것은 얼마나 힘들게 느껴집니까?	1	2	3	4	5

문항	2주 이내	1개월 이내	6개월 이내	1년 이내	1년 이상
그것은 인생 전반에 걸쳐 얼마나 오랫동안 영향을 미쳤습니까?	1	2	3	4	5

Ⅲ. 화병 심리 특성 척도

1. 아래의 문항은 때때로 경험할 수 있는 생각 혹은 느낌입니다. 아래의 문항을 주의 깊게 읽은 후 **현재 자신의 생각 또는 느낌**과 가장 가까운 번호에 V표 하세요.

문항	매우 아니다	대체로 아니다	보통 이다	대체로 그렇다	매우 그렇다
1. 사건을 해결하려고 노력하기보다는, 걱정을 많이 한다.	0	1	2	3	4
2. 내 생각은 전혀 해주지 않는 사람이 있다.	0	1	2	3	4
3. 내가 아무리 노력한다 해도, 문제를 해결할 수 있을지는 의심스럽다.	0	1	2	3	4
4. 세상에 혼자 있는 것처럼 느껴진다.	0	1	2	3	4
5. 마음이 상해도 표현할 수 없다.	0	1	2	3	4
6. 사람들이 진정으로 함께 있지 않고 그저 주위에 있을 뿐이라고 느낀다.	0	1	2	3	4
7. 내가 중요하게 생각하는 사람으로부터 위로나 격려를 받지 못한다고 느낀다.	0	1	2	3	4
8. 문제를 해결하는 것을 포기하며 살고 있다.	0	1	2	3	4
9. 사건을 해결하기 위해 노력을 하더라도 실패할 것이다.	0	1	2	3	4
10. 내 주위에는 더 이상 의지할 만한 곳이 없다.	0	1	2	3	4
11. 나를 무시하는 사람이 있다.	0	1	2	3	4
12. 나를 보잘것없는 존재로 보는 사람이 있다.	0	1	2	3	4
13. 중요한 문제가 생겼을 때, 해결 방법을 찾을 수 없다.	0	1	2	3	4
14. 문제 해결을 가능한 뒤로 미룬다.	0	1	2	3	4
15. 주변 사람들로부터 사랑과 보살핌을 받지 못하고 있다고 느낀다.	0	1	2	3	4
16. 내가 기분이 좋지 않을 때 나의 감정을 이해하려고 노력하는 사람이 없다.	0	1	2	3	4
17. 도움을 청할 사람이 아무도 없다고 느낀다.	0	1	2	3	4
18. 내가 도움이 필요할 때, 직접적 또는 간접적으로 도와주는 사람이 없다.	0	1	2	3	4

	0	1	2	3	4
19. 내가 필요하고 가치 있는 존재임을 인정해주는 사람이 없다.	0	1	2	3	4
20. 내가 고민하는 문제를 기꺼이 들어주는 사람이 없다.	0	1	2	3	4
21. 내 주변 사람들은 내가 잘했을 때도 칭찬을 해주지 않는다.	0	1	2	3	4

MEMO

화병
종합
평가

최승원
고려대학교 심리학과 졸업(문학사)
고려대학교 심리학과 졸업(문학식사)
경희의료원 임상심리연수 수료
고려대학교 심리학과 졸업(심리학박사)
분당서울대학교병원 정신건강의학과 임상심리전문가
Vanderbilt University, Department of Psychology, Posdoc Fellow
CEPP, Department de Psychiatrie, CHUV, Université de Lausanne, Visiting Professor
현) 덕성여자대학교 심리학과 부교수

김종우
경희대학교 한의학과 졸업(한의학사)
경희대학교 대학원 한의학과 졸업(한의학석사)
경희대학교 대학원 한의학과 졸업(한의학박사)
한방신경정신과 전문의
한방신경정신과학회장 역임
(사)한국명상학회장 역임
한의표준임상진료지침 개발사업단 부단장 역임
현) 경희대학교 한의과대학 교수
현) 한의학정신건강센터장

화병 종합 평가 검사지

초판발행	2023년 8월 31일
지은이	최승원 · 김종우
펴낸이	노 현
펴낸곳	㈜ 피와이메이트
	서울특별시 금천구 가산디지털2로 53, 한라시그마밸리 210호(가산동)
	등록 2014. 2. 12. 제2018-000080호
전 화	02)733-6771
f a x	02)736-4818
e-mail	pys@pybook.co.kr
homepage	www.pybook.co.kr
I S B N	979-11-6519-430-7 93180

박영스토리는 박영사와 함께하는 브랜드입니다.